PETITE REVUE

DE L'EXAMEN IMPARTIAL

DE M. BRICOGNE,

ET DU BUDGET DE 1816.

PAR M. B. G.

PARIS,

J. G. DENTU, IMPRIMEUR-LIBRAIRE,

rue du Pont de Lodi, n° 3, près le Pont-Neuf.

1816.

CET OUVRAGE SE TROUVE AUSSI AU DÉPÔT DE MA LIBRAIRIE,

Palais-Royal, galeries de bois, nos 265 et 266.

PETITE REVUE

DE L'EXAMEN IMPARTIAL

DE M. BRICOGNE,

ET DU BUDGET DE 1816.

Le hasard me procura, il y a peu de jours, un petit écrit intitulé *Lettre d'un créancier de l'Etat à M. Bricogne*. Voilà sans doute, me dis-je secrètement, un hommage rendu aux talens de l'auteur de l'*Examen impartial*. Quel fut mon étonnement de trouver, au lieu d'un éloge, une critique assez piquante de cet ouvrage dont j'avais cru, sur parole, le succès mérité ! Je me livrai aussitôt à sa lecture, et après l'avoir terminée, je me vis forcé de convenir que *le créancier de l'Etat* avait été fort indulgent envers M. Bricogne, en se bornant à lui reprocher simplement des erreurs de calculs dont il a limité à une somme de 276 millions le montant, qu'il pouvait aisément élever plus haut. Il lui a fait grâce et de ses contradictions multipliées et de ses faux raisonnemens enchâssés dans des phrases ambitieuses, débitées avec un ton d'assurance qui tranche de l'autorité, et c'est un tort qu'on pourrait lui reprocher à lui-même. Le prestige qui aveugle encore les partisans de l'*Examen impartial*, se serait sans doute dissipé totalement, et ce triomphe, quoique facile, obtenu en temps opportun, était d'autant moins à négliger, qu'il eût pu contribuer à fixer l'opinion publique, et peut-être les législateurs eux-mêmes, sur le sort du budget, dont l'ajournement cause chaque jour à la France une perte irréparable de plus de trois cents mille francs.

Vouloir exécuter aujourd'hui ce que le *créancier de l'Etat* aurait pu faire il y a un mois, aussi utilement, serait une tâche tardive, un travail pour ainsi dire perdu ; aussi me bornerai-je à de courtes observations, à quelques preuves seulement de l'assertion que je ne crains pas d'avancer.

Dans le vaste champ de cent vingt pages que m'offre l'*Examen impartial* pour y puiser ces preuves, je ne m'arrêterai qu'au seul chapitre des *Contributions indirectes*, où l'éloquence de M. Bricogne brille avec le plus d'éclat.

M. Bricogne commence par convenir *que la plupart des objets portés au budget sont de bonnes matières d'impôts, de celles qu'il est non seulement convenable dans un temps de besoin, mais utile dans tous les temps d'assujettir à des droits;* et, perdant de vue insensiblement, dans le cours de ses déclamations contre les impôts qui frappent chacun de ces objets, le principe fondamental qu'il a posé, il finit, comme on va le voir, par rejeter tous ces impôts après en avoir fait un tableau dont les couleurs ne diffèrent en rien de celles que les financiers de 1793 auraient employées pour les peindre.

Parcourons avec lui la route qu'il s'est frayee, en observant l'ordre qu'il a suivi lui-même.

Exercices.

Les contribuables, dit M. Bricogne, *ont été maltraités de telle manière, sous le régime des abonnemens, que le plus grand nombre redemande les exercices; il faut donc les rétablir; mais il faut épargner aux contribuables les persécutions dont l'ancienne administration les a fatigués, pour ne pas les porter à la résistance et à la révolte.*

C'est dire en d'autres termes : *Il faut proscrire les exercices qu'il faut rétablir,* car il n'y a véritablement qu'une seule manière d'exercer pour atteindre la fraude et le but de la loi.

Contradiction évidente, qui paraît contenir en outre une *provocation à la résistance et à la révolte* contre les exercices remis en vigueur avec la loi de 1814, dont la forme est et devait être la même que celle usitée par l'ancienne administration, puisque, comme je l'ai déjà dit, et comme il est facile de le concevoir, il ne peut y avoir plusieurs manières d'exercer pour comprimer la fraude et assurer les droits du trésor.

Boissons.

L'impôt sur les boissons, poursuit M. Bricogne, *au point où il est porté, attaque la culture de la vigne et nuit au commerce des vins, cette source naturelle de richesse pour la France.*

Mais comment l'impôt sur les boissons pourrait-il attaquer la culture de la vigne et nuire au commerce des vins, puisqu'il ne frappe, en aucune manière, les propriétaires de vignes ; puisque ceux-ci, au contraire, ont la faculté de faire circuler et même de vendre leurs vins sans payer aucun droit ?

Faux raisonnement, qui prouve de plus, de la part de M. Bricogne, une ignorance complète des lois qu'il combat.

Cartes.

Le monopole des cartes, c'est toujours M. Bricogne qui parle, *enlève injustement et sans nécessité, à une classe de fabricans, une industrie, leur patrimoine ; il viole le principe fondamental de la société, qui consacre la propriété particulière.*

Quoi ! une fabrique de cartes, un objet d'industrie commun à tous les citoyens, qui leur appartient à tous, est une propriété particulière ! Mais les sels, mais les tabacs, mais les poudres, sont donc aussi des propriétés particulières, et le gouvernement a donc également violé à leur égard *le principe fondamental de la société ?* S'il est reconnu que ces objets sont la propriété de tous, pourquoi le gouvernement, pour l'avantage de tous, ne ferait il pas exclusivement le commerce de ces matières d'impôts ?

Autre raisonnement aussi faux que le précédent.

Tabacs.

Les tabacs, d'abord défendus par M. Bricogne, qui reconnaît *qu'on ne peut imputer au gouvernement les pertes qu'il a éprouvées sur cette branche de revenus, par le pillage de ses magasins et par une fraude à main armée,* finissent par être l'objet de sa censure la plus amère. Ils ont causé, suivant lui, au gouvernement, depuis qu'il en a voulu faire le monopole, une perte de 50 millions, comparativement à ce qu'ils auraient rapporté sans ce monopole, *que des gouvernemens oppresseurs et avides accueillent avec empressement;* réflexion faite en passant par M. Bricogne, qui conduit à conclure que le gouvernement actuel est *avide et oppresseur,* puisqu'il conserve le monopole des tabacs, et qu'il veut encore s'emparer de celui des cartes.

Pour prouver cette perte de 50 millions

sur les tabacs, M. Bricogne établit deux pages de calculs, dans lesquelles il réduit d'abord, de son autorité privée, à 15 millions le produit des tabacs en 1814, quoiqu'il soit présenté par le ministre, dans le compte de cette même année, pour 37 millions 600 mille francs.

Différence 22,600,000

M. Bricogne convient en outre que la régie a un actif de 83,900,000 fr., mais il le regarde, toujours de son autorité privée, comme *un capital mort, évalué arbitrairement, perdu pour le trésor*, et par conséquent il le retranche totalement des bénéfices de la régie, dont il doit faire nécessairement partie; différence, ci . . 83,900,000

Total. . . . . 106,500,000 fr.

à ajouter aux bénéfices de la régie, dans l'espace de quatre années, ce qui suffit, je crois, pour démontrer combien ce monopole, que M. Bricogne trouve si nuisible au trésor, lui a été avantageux au contraire, et combien il l'eût été autrement encore sans *les pertes incalculables que la régie a éprouvées par le pillage de ses magasins et par la fraude à main armée.*

Nouveau raisonnement aussi judicieux que les autres, accompagné d'une petite erreur de calculs de 106,500,000 fr., et d'une critique aussi juste que fine *de l'avidité et de l'oppression du gouvernement actuel.*

Ne nous lassons point d'entendre M. Bricogne.

Fers.

On impose sur les fers français un droit modique en lui-même, et les maîtres de forges ne peuvent se plaindre du nouveau droit, mais seulement des formes de perception.

On croirait, d'après ce début, que M. Bricogne approuve le droit imposé sur les fers, qu'il trouve *modique*, quoiqu'il soit constant qu'il augmenterait cette marchandise de près de 20 pour cent; mais il ajoute: *L'industrie française, déjà forcée de n'employer que des fers inférieurs, à un prix excessif, éprouvera une nouvelle surcharge qui s'étendra sur toutes ses branches, et qui peut en dessécher plusieurs déjà attaquées par le surhaussement du prix du fer, matière première d'un usage universel.*

Donc, il ne faut point d'impôt sur les fers, *afin d'éviter à l'industrie une nouvelle surcharge qui s'étendra sur toutes ses branches, et qui pourra en dessécher plusieurs déjà attaquées par le surhaussement*, etc. Autre contradiction enveloppée dans un autre amphigouri. Poursuivons.

Cuirs.

Les cuirs et les peaux tannés ne sont, comme les fers, qu'une espèce de matière première d'un emploi général; le droit qui leur serait imposé retomberait sur un grand nombre de fabriques et nuirait à leurs progrès.

Donc, suivant M. Bricogne, il ne faut pas plus d'impôt sur les cuirs que sur les fers; conclusion semblable à celle qu'on a dû tirer jusqu'ici de ses dissertations sur chacun des objets qu'il a traités; conclusion par conséquent en opposition manifeste avec le principe qu'il a solennellement établi en débutant, *que les objets portés au budget sont de ces matières qu'il est convenable dans un temps de besoin et utile même dans tous les temps d'assujettir à des droits.*

Papiers, draps, toiles, huiles.

Les papiers, les draps, les toiles, les huiles sont, répète M. Bricogne, *des matières imposables bien choisies; mais les formes arbitraires et inquisitoriales de surveillance et de perception dévoreront une grande partie des produits, décourageront l'industrie et le commerce et augmenteront le prix des marchandises au préjudice des consommateurs.*

Les droits sur les papiers, les draps, etc. vont décourager l'industrie et le commerce! Mais les droits sur les vins, sur les bières, sur la navigation, etc. auraient donc produit cet effet sinistre que redoute M. Bricogne? De la manière dont il envisage chacun des impôts, ils doivent tous être préjudiciables à l'industrie et au commerce; d'où il suit qu'il n'en faudrait, suivant lui, établir aucun; ce qui serait bien mieux sans doute; mais il faudrait aussi, dans ce cas, que M. Bricogne voulût bien nous enseigner le secret de pourvoir, sans leur secours, aux besoins de l'Etat. Comment, au reste, ces impôts décourageraient-ils l'industrie et nuiraient-ils au commerce? Ils ne pourraient le faire qu'autant qu'ils les priveraient du fruit de leurs peines et de leurs veilles. N'est-il pas prouvé, au contraire, que les objets assujettis à des droits sont toujours une source de plus grands bénéfices pour ceux qui les fabriquent ou les exploitent? Quand les tabacs étaient frappés d'un droit de 4 décimes par kilogramme, les débitans le vendaient deux liards de plus par once, ce qui accroissait leur bénéfice de 6 décimes par chaque kilogramme. Le cabaretier qui paie 3 ou 4 centimes de droit par litre de vin, vend ce litre cinq et quelquefois dix centimes de plus. Il en sera de même du fabricant de draps qui payera au gouvernement 20 centimes de droit par mètre d'étoffe d'une valeur de 5 francs, et qui vendra ce mètre 5 fr. 50 cent. au moins, etc. etc. Mais *cette augmentation*, répond M. Bricogne, *est au préjudice des consommateurs*. Mais, lui répondrai-je à mon tour, il faut bien qu'un impôt soit au préjudice de quelqu'un, et ne vaut-il pas mieux qu'il retombe, en définitif, sur le consommateur ? L'impôt indirect a cet avantage incontestable qu'en frappant le consommateur dans la proportion des dépenses que lui commandent sa fortune et son rang, ses besoins comme ses caprices, il est presque insensible à ses yeux, parce qu'il se confond avec le prix de l'objet qu'il consomme. Tous les impôts proposés par le budget doivent atteindre ce but, et, par ce moyen, ne décourageront ni l'industrie ni le commerce, crainte épouvantable que manifeste à chaque instant M. Bricogne, et qui le trouble à tel point qu'elle influe sur ses raisonnemens, comme on a pu en juger jusqu'ici.

Transport des marchandises.

C'est dans la discussion de ce dernier droit que l'éloquence de M. Bricogne se déploie avec le plus de véhémence. Ecoutons-le.

Si on ne relève pas ces barrières odieuses que nous vîmes tomber il y a dix ans au bruit d'applaudissemens unanimes, on jonchera les routes de commis en sentinelles pour vérifier les lettres de voitures, pour rechercher si, parmi cent ballots entassés sur une voiture ou un bateau, on n'en aurait pas glissé en route quelqu'un échappé au droit... La régie saura étendre, des côtes de l'ouest aux frontières de l'est, des côtes de la Méditerranée et du pied des Pyrénées aux frontières du nord, sur toutes les routes, sur toutes les rivières, sur tous les canaux de la France, une chaîne non interrompue de surveillans, vrais geôliers du commerce, etc. etc... Ce droit, enfin, comme un hiver rigoureux, glacera subitement la surface de toutes les rivières, de tous les canaux navigables.

Reposons-nous un peu, car M. Bricogne vient de nous faire assez voyager.

Comment! parce que des voituriers et bateliers seront tenus de représenter aux employés leurs lettres de voitures, *ces employés seront les geôliers du commerce, qui étendront une chaîne de surveillance des côtes de l'ouest et de la Méditerranée aux frontières de l'est et du nord, sur toutes les routes et rivières, et la surface de ces rivières et de tous les canaux sera subitement glacée!* Mais le droit sur la circulation des vins, sur les tabacs, sur les cartes et sur tous les objets qui sont depuis long-temps frappés d'impôts, aurait dû également, *comme un hiver rigoureux, glacer la surface de toutes les rivières et de tous les canaux;* car la surveillance qu'on a apportée jusqu'ici pour s'assurer si les voitures et bateaux en cours de transport ne contenaient rien de sujet aux droits, a été absolument la même que celle qu'on devra mettre à la vérification des lettres de voitures.

A quoi donc se réduit ce fatras de mots imposans? Que d'esprit perdu, si l'auteur, dans ce tableau ridicule, n'a cherché qu'à faire briller le sien!

Présentement que nous avons parcouru le cercle entier des nouveaux droits indirects combattus par M. Bricogne, quelle conclusion générale devons-nous tirer de ses déclamations à leur égard? celle que j'ai déjà annoncée, *qu'il faut rejeter tous ces impôts qu'il est convenable dans un temps de besoin et utile même dans tous les temps d'établir*

Quel sera cependant encore l'étonnement de mes lecteurs, quand ils apprendront que M. Bricogne, par une nouvelle contradiction, maintient tous ces impôts dans son plan, à l'exception de celui sur les cartes et les transports, et que, pour être continuellement en opposition avec lui-même, il demande que ces impôts soient exclusivement perçus par *la voie des abonnemens*, oubliant ainsi ce qu'il a dit avec tant d'assurance pour les faire rejeter, *que les contribuables avaient été tellement maltraités par les abonnemens, qu'ils redemandaient les exercices et qu'il fallait les rétablir*.

Après avoir démontré quelle foi on doit avoir dans la logique de M^r^. Bricogne, je prouverai par un seul exemple celle qu'on peut ajouter à son impartialité.

En résumant ses observations sur les impôts indirects qu'il se plaît à qualifier sans cesse du nom de *droits-réunis*, je n'ose rechercher dans quelle intention M. Bicogne prétend qu'on devrait se borner pour les anciens droits, à ordonner l'exécution de la loi du 8 décembre 1814. *Cette loi*, dit-il, *est le fruit des méditations d'un directeur-*

général estimé par ses profondes connaissances dans toutes les parties des finances; cette loi a été mûrie, méditée, discutée pendant plusieurs mois par des hommes ayant autant d'expérience que de talens et de pratique dans les finances. On doit bien se garder d'y substituer un projet rédigé à la hâte par un directeur à peine entré en fonctions et étranger aux droits-réunis comme à toutes les autres parties des finances.

Il résulte évidemment de cette assertion de M. Bricogne, que M. l'ex-directeur-général a présenté, en 1814, un projet de loi excellent qu'il faut maintenir, et que M. le directeur-général actuel en a soumis un très-mauvais en 1815, qu'il faut rejeter. Mais que dira-t-on quand on saura que ces deux projets sont absolument les mêmes, comme le déclare le ministre dans son rapport aux Chambres, comme la lecture comparée du nouveau projet de loi sur les boissons et de la loi du 8 décembre 1814 l'aurait prouvé à M. Bricogne lui-même. Ainsi ce critique *impartial*, sans pressentir le danger auquel il s'exposait en frappant de réprobation un ouvrage dont il avait négligé même de prendre lecture, a sacrifié aveuglément tout ce qu'exigeaient ses devoirs de censeur et les convenances, à la petite passion qui l'excitait secrètement à faire l'éloge d'un ancien directeur-général fort recommandable sans doute, aux dépens du nouveau directeur-général non moins estimable qui, se trouvant peut-être à l'époque où parut le budget de 1816, aussi peu familier que son prédécesseur avec les contributions indirectes (1), et pouvant suppléer à son inexpérience par les talens administratifs et par la sagacité rare qui le distinguent, n'a pas dédaigné cependant de s'entourer *d'hommes ayant autant d'expérience et d'instruction que de talens et de pratique dans cette matière*, parmi lesquels, malheureusement, ne s'est pas trouvé M. Bricogne; *indè irae.*

Mes lecteurs pourraient regretter de ne pas connaître le plan que propose M. Bricogne pour être substitué au projet du ministre; l'analyse courte et précise que je vais en faire suffira pour leur en démontrer les avantages.

(1) M. Bérenger n'était, comme M. de Barante, que depuis peu de mois directeur-général, quand le projet de loi de 1814 fut présenté.

Moyens pour assurer le service de 1816.

Augmenter les dépenses, diminuer les recettes.

Moyens pour rembourser la levée extraordinaire de cent millions, dont une ordonnance royale a fixé la régularisation dans l'exercice de 1816.

Rendre *départemental* le remboursement *en deux années*, de ladite levée de cent millions, ce qui, *par un sentiment confus et mélangé d'amour de son pays, d'ostentation et de générosité, portera le contribuable à se faire un honneur et un devoir d'en offrir, en pur don, une partie ou la totalité pour le soulagement ou l'embellissement de sa ville ou de son département.*

Moyens pour tenir les engagemens assurés par la loi du 23 septembre 1814.

Echanger les obligations qui sont payables au bout de trois ans, et qui portent intérêt à 8 pour cent, contre des rentes non remboursables, à 6 deux tiers d'intérêt.

Moyens pour sauver la banqueroute et fonder le crédit.

Payer les créanciers de l'Etat en rentes au cours de 75, lorsqu'il n'est qu'à 62.

Augmenter la dette publique de 25 millions de rentes, lorsque ces rentes éprouvent déjà un discrédit de 38 pour cent.

M. Bricogne, aussi ingénieux qu'expéditif, comme on le voit, dans tous ses moyens, ne se contente point de pourvoir au passé et au présent ; dans l'ardeur du zèle qui l'anime pour le bien public, cédant à l'inspiration qui le maîtrise, et oubliant combien le cours du temps a dérangé chacun de ses projets successifs de finances en 1813, 1814 et 1815, et jeté de contradictions dans ses principes, il embrasse l'avenir, le soumet à ses calculs, et finit par nous offrir l'année 1821 comme *le port du salut.*

La France aura alors, suivant M. Bricogne, *une somme libre de 280 millions qu'elle pourra employer soit en diminution d'impôts, soit en augmentation de dépenses.*

M. Bricogne est tellement sûr de l'efficacité de son baume pour guérir la plaie des finances, qu'il ne craint pas d'avancer *que les compagnies riches et puissantes de Londres et d'Amsterdam s'empresseront d'apporter leur or en échange d'un engagement du trésor, indéfini et sans échéance.*

M. Bricogne enfin, aussi modeste qu'impartial, après avoir fait aussi généreusement au bien public le sacrifice de son plan, de ce plan *qu'il n'offre pas précisément comme l'arche-sainte*, mais qu'il compare *à une voute hardie jetée sur un précipice*, s'écrie avec ce ton d'humilité qui n'appartient qu'au vrai talent : *Ce projet, semblable à ces fées secourables qui ne manifestaient leur présence que par des bienfaits, après nous avoir, en six années, libérés de nos charges et dettes, après avoir sauvé les créanciers de l'Etat sans laisser d'autres traces de son passage que les souvenirs de reconnaissance et d'étonnement ! ! ! !*

La reconnaissance et l'étonnement m'empêchent d'en dire davantage.

Après avoir lu l'*Examen impartial* de M. Bricogne, j'éprouvai un sentiment pénible, né des réflexions suivantes :

La malveillance, toujours aux aguets, l'étranger lui-même, que le souvenir de notre ancienne gloire poursuit encore, ne doivent-ils pas sourire au langage de ces orateurs, de ces financiers *libéraux* qui, sous le prétexte perfide de protéger l'industrie et le commerce, prêtent à chacun des impôts que la force des circonstances nécessite, des couleurs tellement odieuses, que le gouvernement ne pourrait les établir sans quelque danger ; qui appellent sur leur pays des maux plus affreux encore, s'il est possible, que ceux qui l'ont accablé, en altérant la confiance et le respect dus à un gouvernement sage et légitime, qu'ils signalent comme *avide et oppresseur,* en voulant faire adopter des mesures dont l'exécution trahirait les promesses d'un Souverain qui n'en a jamais violées; des mesures dont l'effet serait de ruiner les créanciers, rentiers et pensionnaires de l'Etat, d'augmenter le nombre des mécontens, et de *pousser* enfin, comme ils ne craignent pas de le dire hautement, *le peuple à la résistance et à la révolte.*

Ne perdons point de vue, je ne puis trop le répéter, et c'est ce que ces prétendus amis du bien public et du gouvernement ont grand soin de taire, que chaque jour qui s'est écoulé depuis que l'exercice de 1816 est ouvert, a occasionné à la France une perte irréparable de plus de 300 mille fr., et que chaque jour qui s'écoulera encore jusqu'à l'adoption du budget, causera une perte semblable au trésor. Hâtons-nous donc de combler ce gouffre qui engloutit nos finances, et que dans quelque temps encore il ne serait plus possible de fermer. Adoptons plutôt un budget défectueux qui, au moins, conservera à la Ftance son honneur et son crédit, plutôt que de prolonger l'état d'anxiété et de tourmente dans lequel elle se trouve; plutôt, sur-tout, que d'adopter tout autre plan, dont les résultats spécieux nous conduiraient inévitablement à la banqueroute et à tous le maux qui en seraient la suite.

Le budget présenté par le ministre est susceptible de modifications légères..

Les dépenses portées à 800 millions, donnent l'espoir d'une économie de 60 à 70 millions sur les sommes allouées à tous les ministères, et sur-tout à celui de la guerre, par les sages lenteurs que ce dernier pourrait apporter dans ses opérations.

On laisserait de plus au trésor les 14 millions des postes que le budget affecte à la caisse d'amortissement, somme insuffisante pour inspirer, par sa seule influence, la confiance nécessaire au crédit de la dette publique, et pour parvenir à son amortissement, dont les chambres s'occuperaient plus efficacement à la première session.

En maintenant les recettes à 800 millions, on emploierait les 80 millions excédant les dépenses, avec les fonds de non-valeurs des contributions directes de 1815 et 1816, au remboursement de la levée extraordinaire de 100 millions : au cas où ces ressources paraîtraient insuffisantes, on augmenterait la contribution personnelle et mobiliaire de 50 centimes.

Quelques modifications pourraient être également apportées aux contributions indirectes.

Les droits sur les cotons et sur la plupart des denrées coloniales pourraient, pour la plus grande facilité du commerce, n'être exigibles que lorsque ces marchandises seraient livrées à la vente. Jusque-là elles seraient admises dans des entrepôts publics sur des acquits à caution.

Les droits sur les fers français sont trop élevés. Il conviendrait de les réduire, et de mettre en rapport avec eux les droits sur les fers étrangers.

Les impôts sur les cuirs, sur les papiers, sur les huiles et sur les draps, seraient, ainsi que l'impôt sur les fers, perçus suivant les formes tracées aux articles du budget qui concernent chacun de ces objets, en appliquant à tous, pour obvier aux inconvéniens que les exercices pourraient présenter, la faculté des abonnemens aux conditions réglées par les articles 245 et 246 du bubget, qui concilient, le plus convenablement, les intérêts des contribuables avec ceux du trésor.

On pourrait se borner, je crois, à ces seuls impôts nouveaux, et supprimer ceux proposés sur les toiles et les transports de marchandises.

Peut-être conviendrait-il également de substituer aux impôts nouveaux un droit unique sur la mouture, droit qui serait, pour ainsi dire, insensible pour les consommateurs, puisqu'il n'augmenterait que d'*un centime* chaque livre de farine ; ce qui, cependant, produirait au trésor plus de 60 millions.

Il me semblerait enfin aussi politique que sage, de remplacer l'article 370, qui attribue aux employés saisissans une part dans les amendes et confiscations, par l'article 137 de la loi du 8 décembre 1814, qui ne leur en accorde aucune.

Ce travail fini, les chambres n'auraient

plus à s'occuper que de l'arriéré qui n'aurait pas été réglé par la loi du 23 septembre 1814 ; car cette loi ayant déterminé le mode d'acquittement de l'arriéré antérieur, une nouvelle loi serait inutile au gouvernement pour suivre l'effet de la première.

Ce mode de paiement de l'arriéré nouveau, dont la plus grande partie, d'après la déclaration du ministre, appartient aux cent jours de désastres, pourrait être le même que celui fixé par la loi du 23 septembre 1814, à moins que les chambres ne jugeassent convenable d'en ajourner le sort à la première session.

Au moyen de ces mesures qui s'éloignent fort peu de celles proposées par le budget, et dont j'aurais craint de m'écarter, lors même que j'aurais eu de mes talens l'opinion que M. Bricogne a des siens, dans la conviction où je suis que personne ne réunit à un plus haut degré que le ministre actuel, des intentions pures à un mérite véritable; au moyen de ces mesures, dis-je,

Le service de 1816 serait assuré, sans que la charge des impositions fût trop pesante;

La levée des cent millions serait régularisée sans nouveau surcroît d'impôts ;

L'arriéré enfin serait soldé sans perte pour les créanciers ni pour le trésor ;

La confiance nécessairement ferait de jour en jour de nouveaux progrès ;

Le crédit public ranimerait toutes les branches d'industrie et de commerce, et la France goûterait ainsi, dans les douceurs du repos et sous le meilleur des Souverains, le bonheur qui la fuit depuis trop long-temps.

FIN.

www.ingramcontent.com/pod-product-compliance
Ingram Content Group UK Ltd.
Pitfield, Milton Keynes, MK11 3LW, UK
UKHW020534230726
13925UKWH00005B/2280